お客様各位

(株) ぎょうせい　出版事業部

＜お詫び＞

「税理士が生前贈与もアドバイス！相続手続で困らないエンディングノート」につきまして、次のとおり誤りがございました。お詫びして訂正いたします。

■5ページ（②相続時精算課税制度の記述について）

（誤）

相続時精算課税制度とは、60歳以上の父母または祖父母などから、18歳以下の子・孫などへ財産を贈与した場合に、2,500万円までは贈与税がかからなくなる制度です。

相続時精算課税制度とは、60歳以上の父母または祖父母などから、18歳以上の子・孫などへ財産を贈与した場合に、2,500万円までは贈与税がかからなくなる制度です。

はじめに

このノートは、多くの相続の現場をみてきた女性税理士がこれまでの経験を生かして「円満な相続」を迎えるために作成したノートです。

相続対策が必要だとは思うけれど、何から始めたらいいのかわからない、という方は是非このノートを活用していただきたいと思います。

このノートには「自分のこと」「資産のこと」「もしものときのこと」「大切な人への思い」などを記入していただきます。

ノートに記入することで、自身の資産状況を把握できるだけでなく、相続税がどのくらいかかりそうなのか、遺言書をどう準備しておけばいいのかなど、相続にどう備えておけばいいのかがみえてきます。

また、相続対策のなかでも、特に関心の高い生前贈与について、知っておきたい基礎知識とともに、生前贈与の記録も残せるよう工夫しました。

相続だけではなく、老後のお金のことや病気や介護が必要になったときのことなど、自身がよりよく暮らしていくことにも役立つようになっています。

何も準備をしないまま迎えた相続で、大変な思いをしている家族の姿をたくさんみてきました。

このノートを活用して円満な相続のための準備をし、またよりよい老後を過ごすためのお役に立てればと思います。

2023年12月　板倉 京・羽田リラ

税理士が【生前贈与も】アドバイス！！

相続手続で困らないエンディングノート

記入上のコツ

❶ 書けるところや書きやすいところから 気軽に始めてみてください

まずは、目次をみていただき、全体にざっと目を通してみてください。

そして、自分の書きたいところ、書きやすいところから書き始めていただきたいと思います。

このノートは、一度に書き上げる必要はありません。ゆっくりと、自分や家族のことを考えながら記入していただければと思います。

❷ 状況や気持ちが変われば、 書き直しをしてください

ときがたてば、状況や気持ちは変わるものです。

このノートは何度でも書き直しをしていただければと思います。

書き直すとき、自分で読み返すとき、家族の目に触れるとき、このノートがいつ書かれたものであるかがわかると便利です。それぞれのページに記入日を設けてありますので、記入日を記載しておきましょう。

❸ 大切に保管し、保管場所は 家族にわかるようにしておいてください

このノートは、資産状況や家族や友人の情報が記載されているものです。大切に保管しておきましょう。また、保管場所はこのノートをみてほしい家族や大切な人に知らせておきましょう。

このノートの特長

相続税の計算や老後のお金についての計算ができます

生前贈与の基礎知識

知っておこう

生前贈与って何？

相続税対策の中でも人気があり、すぐ取り組める「生前贈与」。ただし、ご家族や他の方からタダでお金やモノをもらうと贈与税という税金がかかります。贈与税の課税方法は2つあり、どちらかを選択することになります。

① 暦年課税制度（基本。特に選択しなければこちらになる）
② 相続時精算課税制度（選択する場合は、税務署への届出が必要）

① 暦年課税制度

暦年課税制度とは、1年間（1月1日～12月31日）にもらった財産の額が110万円（非課税枠）を超えた部分に贈与税がかかる制度です。110万円の非課税枠を利用することで、相続税の節税ができます。

仮に、相続税の税率が20%の方から、たとえば110万円の財産を相続でもらうと、22万円の相続税がかかります。一方、110万円を生前贈与でもらえば、非課税の範囲内ですから贈与税はゼロ。つまり、年110万円ずつ生前贈与をすると、22万円ずつ相続税を減らせるということです。相続税の税率は10～55%ですから、年間11万円～60.5万円程の節税が可能というわけです。

ただし、贈与した分すべてが節税になるわけではありません。子供や妻など相続で財産をもらう人への贈与のうち、2023年までの贈与については、亡くなった日からさかのぼって3年以内のものは、110万円以下であってもすべて相続税の計算対象となります。亡くなる直前の駆け込み贈与を防止するための措置です。2024年以降の贈与からは、さかのぼる期間が7年に延長されます。相続開始前4～7年の贈与財産の合計額から100万円が控除となります。期間が延長されることで、節税効果が今よりも減少してしまいます。

② 相続時精算課税制度

相続時精算課税制度とは、60歳以上の父母または祖父母などから、18歳以下の子・孫などへ財産を贈与した場合に、2,500万円までは贈与税がかからなくなる制度です。

2,500万円を超えた贈与については、一律20%の贈与税がかかります。

2,500万円の贈与は一年で行ってもいいし、何年かにわたって行ってもいいことになっています。

一見ものすごくオトクに見える制度ですが、実はこの制度を使った贈与は「相続税の対象」にされます。

相続税の申告では、この制度を使った贈与と相続財産を合計して相続税の計算を行い、すでに支払った贈与税がある場合には、その贈与税を精算して差額の相続税を納めます。

計算の結果、相続税の額よりもすでに払っている贈与税が多ければ、還付を受けることになります。

相続時精算課税制度を利用する人（財産をもらった子や孫など）は、この制度を使った最初の贈与を受けた年の翌年3月15日までに「相続時精算課税選択届出書」などの書類を税務署に出す必要があります。

2023年以前は、年間110万円以下であっても、贈与をした場合には贈与税の申告が必要でしたが、2024年以降は年間110万円以下の贈与であれば贈与税の申告は不要になり、また相続税の計算にも入らなくなりました。

「暦年課税制度」と110万円の非課税枠は同じになりましたが、一度「相続時精算課税制度」を選択してしまうと、それ以降の贈与で「暦年課税制度」を選択することはできませんので、この制度を利用するかどうかは慎重に検討したいところです。

暦年課税制度と相続時精算課税制度のイメージ

①暦年課税制度

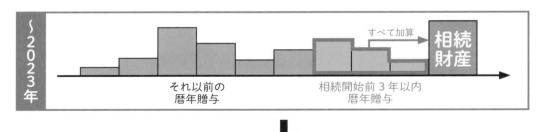

②相続時精算課税制度

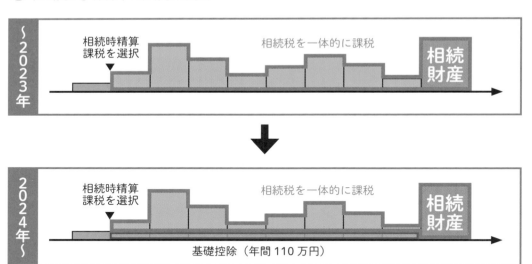

おススメは、孫への贈与!!
暦年課税制度のうち相続財産に加算されるのは、相続人となる人への贈与です。相続人にはならない孫は、相続財産に加算されませんので、今後も暦年課税制度で最適な贈与を継続していくことがおススメです。

暦年課税制度と相続時精算課税制度、どっちがおトク？

では、「暦年課税制度」と「相続時精算課税制度」どっちがオトクなのかを
パターンごとに見ていきましょう。

大前提として、もともと相続税がかからない人は、暦年課税制度で非課税枠
を超えない贈与をするということさえ心掛けていれば、損もトクもありませ
ん。ここからは、相続税がかかる人を前提に説明します。

パターン① ～110万円以下の贈与の場合～

仮に、毎年110万円の贈与を続けていた人が亡くなった場合、「暦年課税制
度」だと亡くなる前7年分の（770万円－100万円（控除額））が相続税の
計算対象となりますが、「相続時精算課税制度」なら、贈与された財産は1
円も相続税の計算対象となりません。つまり、非課税枠内での贈与であれば、
「相続時精算課税制度」のほうが節税効果があるということになります。

パターン② ～贈与税の非課税枠を超えて行う贈与～

110万円の非課税枠を超えて贈与した場合は、いくら贈与するのか、何年贈
与するのかで、答えが変わってきます。非課税枠を超えての贈与をするよう
な場合は、税理士に相談することをおすすめします。

パターン③ ～孫など相続で財産をもらわない人への贈与～

孫などで、相続では財産をもらわない人には「暦年課税制度」がおトクです。
というのも、7年以内の財産を相続税の対象にするというのは、相続で財産
をもらう人だけの話。相続で財産をもらわない人は関係ありません。そんな
人が「相続時精算課税制度」を使ってしまうと、相続で財産をもらわなく
ても年間110万円を超えた分が相続税の対象となってしまいます。しかも、
相続人ではない孫は相続税が2割増しとなります。

ちなみに、「相続時精算課税制度」は、18歳以上の子・孫に対する贈与にし
か使えない制度なので、それ以外の人（配偶者や嫁・婿・きょうだいなど）
は「暦年課税制度」一択となります。

いつ誰に何を贈与したのか、記録に残しておきましょう！

残された家族が財産分与の相談をする時にも、相続税の申告をする時にも贈与の履歴があると便利です。

贈与した相手ごとに管理するのがおススメです。

（記入例）
贈与した相手の名前　　ぎょうせい 花子

贈与の日	財産の内容	財産額	申告の有無	贈与の種類
2024年11月20日	現金	1,000,000	有・(無)	☑暦年・□精算課税制度・□その他（　　　）
2025年10月(予定)	現金	500,000	有・(無)	□暦年・□精算課税制度・☑その他（ 教育資金 ）
2026年3月(予定)	有価証券	~~800,000~~	有・(無)	☑暦年・□精算課税制度・□その他（　　　）
〃	〃	900,000	有・(無)	☑暦年・□精算課税制度・□その他（　　　）
⋮	⋮	⋮	有・無	□暦年・□精算課税制度・□その他（　　　）
⋮	⋮	⋮	有・無	□暦年・□精算課税制度・□その他（　　　）
⋮	⋮	⋮	有・無	□暦年・□精算課税制度・□その他（　　　）

贈与した相手の名前　＿＿＿＿＿＿＿＿＿＿

贈与の日	財産の内容	財産額	申告の有無	贈与の種類
			有・無	□暦年・□精算課税制度・□その他（　　　）
			有・無	□暦年・□精算課税制度・□その他（　　　）
			有・無	□暦年・□精算課税制度・□その他（　　　）
			有・無	□暦年・□精算課税制度・□その他（　　　）
			有・無	□暦年・□精算課税制度・□その他（　　　）
			有・無	□暦年・□精算課税制度・□その他（　　　）
			有・無	□暦年・□精算課税制度・□その他（　　　）

贈与した相手の名前　＿＿＿＿＿＿＿＿＿＿

贈与の日	財産の内容	財産額	申告の有無	贈与の種類
			有・無	□暦年・□精算課税制度・□その他（　　　）
			有・無	□暦年・□精算課税制度・□その他（　　　）
			有・無	□暦年・□精算課税制度・□その他（　　　）
			有・無	□暦年・□精算課税制度・□その他（　　　）
			有・無	□暦年・□精算課税制度・□その他（　　　）
			有・無	□暦年・□精算課税制度・□その他（　　　）
			有・無	□暦年・□精算課税制度・□その他（　　　）

贈与した相手の名前　＿＿＿＿＿＿＿＿＿＿＿＿＿＿＿＿＿

贈与の日	財産の内容	財産額	申告の有無	贈与の種類
			有 ・ 無	□暦年・□精算課税制度・□その他（　　　　）
			有 ・ 無	□暦年・□精算課税制度・□その他（　　　　）
			有 ・ 無	□暦年・□精算課税制度・□その他（　　　　）
			有 ・ 無	□暦年・□精算課税制度・□その他（　　　　）
			有 ・ 無	□暦年・□精算課税制度・□その他（　　　　）
			有 ・ 無	□暦年・□精算課税制度・□その他（　　　　）
			有 ・ 無	□暦年・□精算課税制度・□その他（　　　　）

贈与した相手の名前　＿＿＿＿＿＿＿＿＿＿＿＿＿＿＿＿＿

贈与の日	財産の内容	財産額	申告の有無	贈与の種類
			有 ・ 無	□暦年・□精算課税制度・□その他（　　　　）
			有 ・ 無	□暦年・□精算課税制度・□その他（　　　　）
			有 ・ 無	□暦年・□精算課税制度・□その他（　　　　）
			有 ・ 無	□暦年・□精算課税制度・□その他（　　　　）
			有 ・ 無	□暦年・□精算課税制度・□その他（　　　　）
			有 ・ 無	□暦年・□精算課税制度・□その他（　　　　）
			有 ・ 無	□暦年・□精算課税制度・□その他（　　　　）

生前贈与

相続（民法）

自分

家族

葬儀・お墓

資産

相続・遺言

その他には教育資金贈与、住宅取得資金贈与など贈与の特例を使った場合に記入しましょう！
今後の予定も入れておき、実際に贈与した時などに必要であれば随時訂正していきましょう！

相続(民法)の基礎知識

知っておこう

相続は「相続ができる人は誰なのか」「遺産の分け方はどう考えるのか」など様々なルールが法律で決められています。

法定相続人と法定相続分

法定相続人とは、法律で決められた相続人のことです。

法定相続分とは、法律で決められた相続分のことです。

配偶者がいる場合、配偶者は必ず相続人になります。

配偶者以外の法定相続人は、次の順番で決まります。

どの順位の人が相続人になるかによって法定相続分が異なります。

配偶者

配偶者は
常に相続人

＋ 第一順位　子　（子が亡くなっている場合は孫）

　配偶者：子 ＝1/2：1/2

＋ 第二順位　親　（親が亡くなっている場合は祖父母）

　配偶者：親 ＝2/3：1/3

＋ 第三順位　兄弟姉妹（兄弟姉妹が亡くなっている場合はその子ども）

　配偶者：兄弟姉妹 ＝3/4：1/4

遺留分

法定相続人が一定の割合の遺産を相続することができる権利です。

配偶者や子、親には、法定相続分の 1/2、親のみが相続人の場合は法定相続分の 1/3 の遺留分が認められています。兄弟姉妹には遺留分はありません。

遺留分を侵害された者は遺留分に満たない不足分を金銭で請求することができます。遺言書を書く時は遺留分を侵害しないよう気をつけましょう。

特別受益

一部の相続人だけが、亡くなった人から生前贈与や遺贈で受けた利益のことです。特別受益になるのは、生活費の贈与や自宅を買うときの援助、高額な学費などです。

特別受益がある場合には、相続人間の不公平を是正するため、特別受益を考慮して遺産を分けることができます。

寄与分

亡くなった人の財産の維持や増加に貢献した場合のプラスの相続分です。事業を手伝った、介護をしたなど、「寄与分」として遺産を多くもらうよう主張することができます。

これまで寄与分が請求できるのは相続人だけに限られていましたが、民法改正により相続人以外の親族についても寄与分として相続人に金銭を請求できるようになりました。

遺言書があるときには遺言書のとおり分けられます。
遺言書がなければ相続人全員で分け方を決めます。

自分について

自分について書いてみましょう。病気のときや介護のときに家族が困らないよう自分の考えや希望を書き記しておきましょう。

プロフィール

ふりがな					
名前			（旧姓）		
現住所	〒				
Tel		携帯			
生年月日	年　　月　　日生まれ	干支			年
血液型	＋　　−　　　　型	星座			座
本籍					
出生地					
名づけ親・名前の由来など					

過去に住んでいたところ

	年　　月〜	年　　月	
	年　　月〜	年　　月	
	年　　月〜	年　　月	
	年　　月〜	年　　月	
	年　　月〜	年　　月	

学　歴

小学校	年　卒業
中学校	年　卒業
高校	年　卒業
大学・専門学校	年　卒業

職　歴

現在の勤務先	（会社名）	（部署名）	年入社
	（住所）	（Tel.）	
過去の勤務先	（会社名）	年入社	年退社
	（会社名）	年入社	年退社

資格・免許・受賞歴

利用しているＳＮＳなど

種類	ＩＤ	パス	その他
（例）Facebook	…	…	亡くなったらその旨投稿してほしい

病気や事故にあったときのために

アレルギーの有無

□ 有　　　□ 無	（内容）

持病について

病名	クスリ	病院名	連絡先など

メモ

> メモ欄は写真や日記など見つけて欲しいものなどの記入にも利用できます。

生前贈与

相続（民法）

自分

家族

葬儀・お墓

資産

相続・遺言

重い病気になったとき

告知について

- ☐ 病名や余命などを告知してほしい
- ☐ 病名だけ告知してほしい
- ☐ 病名も余命も告知しないでほしい
- ☐ 家族の判断にまかせる
- ☐ その他

メモ
_____
_____
_____
_____

どこで過ごしたいか

- ☐ 自宅で過ごしたい
- ☐ 病院で過ごしたい
- ☐ 老人ホームなどの施設で過ごしたい
- ☐ 家族の判断にまかせる
- ☐ その他

メモ
_____
_____
_____
_____

延命治療と尊厳死について

- ☐ 延命治療をしてほしい
- ☐ 延命治療はしないでほしい
- ☐ 尊厳死を希望する
  - ☐ 尊厳死のための手続を済ませている／保管場所 _____
  - ☐ 尊厳死の手続をしてほしい
- ☐ 家族の判断にまかせる

メモ
_____
_____

臓器提供について

- ☐ 臓器提供を希望しない
- ☐ 臓器提供を希望する
- ☐ ドナーカードなどを持っている
  ／保管場所 _____

献体について

- ☐ 献体を希望しない
- ☐ 献体を希望する
- ☐ 献体の登録をしている
  ／登録先等 _____

＊原則、臓器提供と献体はどちらか一方しか選択できません。
　どちらも家族の同意が必要です。

介護が必要になったとき

誰に介護をしてほしいか

☐ 家族に介護してほしい

☐ ヘルパーさんなどプロに介護してほしい

☐ 家族の判断にまかせる

☐ その他

　　メモ
　　_____

　　_____

どこで介護を受けたいか

☐ 自宅で介護してほしい

☐ 病院や老人ホームなどの施設で介護してほしい

☐ 家族の判断にまかせる

☐ その他

　　メモ
　　_____

　　_____

認知症になって財産管理ができなくなったら…

☐ 家族（　　　　　　　　　　　）に管理をまかせたい

☐ ＊成年後見制度等を利用したい

☐ 家族の判断にまかせる

☐ その他

　　メモ
　　_____

　　_____

＊ 成年後見制度…認知症などで判断能力が不十分な人のため、財産管理などを家庭
　　裁判所から選ばれた人が行う制度です。

＊ 金融機関に事前に代理人の届出をしておくことで、本人に代わってその代理人が
　　手続を行うことができるサービスもあります。

家族について

親族表

相続を考える際には役立ちますので、わかる範囲で記入しておきましょう。

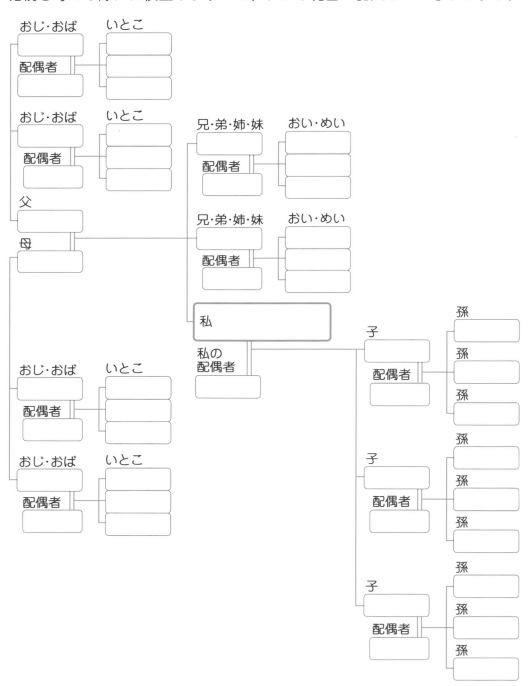

家族・親族について

家族・親族の住所や電話番号などを記入しておきましょう。

入院時や葬儀時に連絡が必要かどうか記入しておくと便利です。

ふりがな		続柄	生年月日	年　月　日
名前				
住所				
電話番号		入院又は葬儀の連絡	□入院のみ □葬儀のみ □必要なし	
メールアドレス				

ふりがな		続柄	生年月日	年　月　日
名前				
住所				
電話番号		入院又は葬儀の連絡	□入院のみ □葬儀のみ □必要なし	
メールアドレス				

ふりがな		続柄	生年月日	年　月　日
名前				
住所				
電話番号		入院又は葬儀の連絡	□入院のみ □葬儀のみ □必要なし	
メールアドレス				

ふりがな		続柄	生年月日	年　月　日
名前				
住所				
電話番号		入院又は葬儀の連絡	□入院のみ □葬儀のみ □必要なし	
メールアドレス				

ふりがな		続柄	生年月日	年　月　日
名前				
住所				
電話番号		入院又は葬儀の連絡	□入院のみ □葬儀のみ □必要なし	
メールアドレス				

ふりがな		続柄	生年月日	年　月　日
名前				
住所				
電話番号		入院又は葬儀の連絡	□入院のみ □葬儀のみ □必要なし	
メールアドレス				

メモ

_____

_____

_____

_____

_____

_____

生前贈与

相続（民法）

自分

家族

葬儀・お墓

資産

相続・遺言

友人・知人について

親しい友人の住所や電話番号などわかる範囲で記入しておきましょう。

入院時、葬儀時の連絡の要否を記しておくと便利です。

ふりがな		関係	
名前			
住所			
電話番号		葬儀の連絡入院又は	☐入院のみ ☐葬儀のみ ☐必要なし
メールアドレス			

ふりがな		関係	
名前			
住所			
電話番号		葬儀の連絡入院又は	☐入院のみ ☐葬儀のみ ☐必要なし
メールアドレス			

ふりがな		関係	
名前			
住所			
電話番号		葬儀の連絡入院又は	☐入院のみ ☐葬儀のみ ☐必要なし
メールアドレス			

ふりがな		関係	
名前			
住所			
電話番号		葬儀の連絡入院又は	☐入院のみ ☐葬儀のみ ☐必要なし
メールアドレス			

ふりがな		関係	
名前			
住所			
電話番号		葬儀の連絡入院又は	☐入院のみ ☐葬儀のみ ☐必要なし
メールアドレス			

ふりがな		関係	
名前			
住所			
電話番号		葬儀の連絡入院又は	☐入院のみ ☐葬儀のみ ☐必要なし
メールアドレス			

ふりがな		関係	
名前			
住所			
電話番号		葬儀の連絡入院又は	☐入院のみ ☐葬儀のみ ☐必要なし
メールアドレス			

ふりがな		関係	
名前			
住所			
電話番号		葬儀の連絡入院又は	☐入院のみ ☐葬儀のみ ☐必要なし
メールアドレス			

上記以外で記載のあるものにチェックを入れましょう。

☐紙のアドレス帳　　☐スマホの連絡帳　　☐LINE

☐その他 _____

メモ

_____

ペットについて

万一のときのために、大切なペットの情報を記入しておきましょう。

名前 ＿＿＿＿＿＿＿＿＿＿　性別 ＿＿＿＿＿　ペットの種類　犬・猫・鳥・（　　　　　　　　　）

誕生日 ＿＿＿＿＿＿＿＿＿　血統書 □ ある　保管場所（　　　　　　　　　　）　□ なし

いつものフード ＿＿＿＿＿＿＿＿＿　　かかりつけ医 ＿＿＿＿＿＿＿＿＿

好きなフード ＿＿＿＿＿＿＿＿＿　　病気歴・ケガ歴・手術歴などについて ＿＿＿＿＿＿＿＿＿

きらいなフード ＿＿＿＿＿＿＿＿＿

自分に万が一があった場合の希望

□ ＿＿＿＿さんに面倒をみてほしい　　メモ ＿＿＿＿＿＿＿＿＿

□ 家族にまかせる　　□ その他

名前 ＿＿＿＿＿＿＿＿＿＿　性別 ＿＿＿＿＿　ペットの種類　犬・猫・鳥・（　　　　　　　　　）

誕生日 ＿＿＿＿＿＿＿＿＿　血統書 □ ある　保管場所（　　　　　　　　　　）　□ なし

いつものフード ＿＿＿＿＿＿＿＿＿　　かかりつけ医 ＿＿＿＿＿＿＿＿＿

好きなフード ＿＿＿＿＿＿＿＿＿　　病気歴・ケガ歴・手術歴などについて ＿＿＿＿＿＿＿＿＿

きらいなフード ＿＿＿＿＿＿＿＿＿

自分に万が一があった場合の希望

□ ＿＿＿＿さんに面倒をみてほしい　　メモ ＿＿＿＿＿＿＿＿＿

□ 家族にまかせる　　□ その他

葬儀・お墓について

葬儀について

葬儀については家族からは聞きづらいものです。自分の意思をしっかり記入し、家族の負担を小さくするとともに、希望の葬儀を行ってもらいましょう。

葬儀の規模と内容

- ☐ 親しい身内だけの家族葬にしてほしい
- ☐ 友人・知人も参列できる一般的な葬儀にしてほしい
- ☐ 葬儀はしなくていい
- ☐ 家族の判断にまかせる
- ☐ その他

メモ
_____
_____
_____
_____

葬儀の費用

- ☐ できるだけお金をかけないでやってほしい
- ☐ 恥ずかしくない程度の一般的な費用でやってほしい
- ☐ 費用がかかっても盛大な葬儀にしてほしい
- ☐ 家族の判断にまかせる
- ☐ その他

メモ
_____
_____
_____

葬儀の場所

- ☐ 自宅でやってほしい
- ☐ 葬儀場でやってほしい
- ☐ 寺社・教会でやってほしい
  施設名・連絡先など _____
- ☐ 家族の判断にまかせる
- ☐ その他

メモ
_____
_____
_____

葬儀会社など

☐ 生前契約している業者や互助会加入がある

　　業者名・連絡先 _____

☐ 希望の業者がある

　　業者名・連絡先 _____

☐ 家族の判断にまかせる

☐ その他

メモ
_____
_____
_____

葬儀に呼んでほしい人

☐ 親族以外には葬儀の案内はしなくていい

☐ 下記の人を呼んでほしい

☐ 家族の判断にまかせる

名　前	連絡先	関　係	備考

その他の葬儀についての希望

喪主になってほしい人、弔辞を読んでほしい人、戒名について、
遺影に使ってほしい写真など希望があれば記入してください。

メモ
_____
_____
_____
_____

生前贈与

相続（民法）

自分

家族

葬儀・お墓

資産

相続・遺言

お墓について

お墓についても家族からは聞きづらいものです。
希望を記入しておきましょう。

希望するお墓

☐ 先祖代々のお墓に入れてほしい

☐ 既に購入しているお墓に入れてほしい

☐ 新たにお墓を購入してほしい

☐ 合祀の永代供養のお墓に入れてほしい

☐ 納骨堂に入れてほしい

☐ 自宅に置いてほしい　　　　　　　メモ （お墓の場所など）

☐ 散骨してほしい

☐ 家族の判断にまかせる

☐ その他

お墓を承継してほしい人

☐ ＿＿＿＿＿＿＿＿＿＿　さんに引き継いでほしい

☐ 家族の判断にまかせる　　　　　メモ

☐ その他

その他のお墓についての希望

お墓や仏壇などで伝えておきたいことや希望があったら記入してください。

メモ

資産を書き出してみよう

金融資産 について

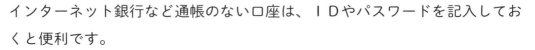

預貯金や有価証券などについて記入しましょう。

相続税の計算をしたい人は
残高も記入してみましょう。

預貯金

預貯金の口座を書き出して整理しましょう。

インターネット銀行など通帳のない口座は、ＩＤやパスワードを記入しておくと便利です。

「年金振込口座」など、その口座の用途を備考欄に書いておくと便利です。

事前に本人に代わって手続をする人（「代理人」）を指定している場合、代理人の氏名も書いておきましょう。

記入例

金融機関	○○銀行	支店名	麹町	預貯金の種類	普通
口座番号	2375250	名義人	行政　太郎		
Web用ID		パスワード			
備考	公共料金引落		今の残高	123,456	円
指定代理人	有　　　無	名前			

預貯金①

金融機関		支店名		預貯金の種類	
口座番号		名義人			
Web用ID		パスワード			
備考			今の残高		円
指定代理人	有　　　無	名前			

預貯金②

金融機関		支店名		預貯金の種類	
口座番号		名義人			
Web用ID		パスワード			
備考			今の残高		円
指定代理人	有　　　無	名前			

生前贈与

相続（民法）

自分

家族

葬儀・お墓

資産

相続・遺言

預貯金③

金融機関		支店名		預貯金の種類	
口座番号		名義人			
Web用ID			パスワード		
備　考				今の残高	円
指定代理人	有　　　無	名前			

預貯金④

金融機関		支店名		預貯金の種類	
口座番号		名義人			
Web用ID			パスワード		
備　考				今の残高	円
指定代理人	有　　　無	名前			

預貯金⑤

金融機関		支店名		預貯金の種類	
口座番号		名義人			
Web用ID			パスワード		
備　考				今の残高	円
指定代理人	有　　　無	名前			

預貯金⑥

金融機関		支店名		預貯金の種類	
口座番号		名義人			
Web用ID			パスワード		
備　考				今の残高	円
指定代理人	有　　　無	名前			

預貯金①	円	預貯金④	円
預貯金②	円	預貯金⑤	円
預貯金③	円	預貯金⑥	円

＋

今の預貯金の合計額　約　　　　　　　　円

口座がたくさんあると、のちのち整理をするのがタイヘンです。
使っていない口座を整理することも検討してみてください。

有価証券

有価証券の口座について記入しましょう。インターネット証券などはＩＤやパスワードを記入しておくと便利です。株式や国債、投資信託などの具体的な銘柄名や指定代理人の有無などを備考欄に記入しておくとわかりやすいです。NISA・iDecoの口座もここで管理しましょう。

相続税の計算をしたい人は残高も記入してみましょう。

証券口座①

金融機関先		支店名		名義人			
Web用ID		Web用パスワード			NISA	有 ・ 無	
					iDeco	有 ・ 無	
				今の残高			円

証券口座②

金融機関先		支店名		名義人			
Web用ID		Web用パスワード			NISA	有 ・ 無	
					iDeco	有 ・ 無	
				今の残高			円

証券口座③

金融機関先		支店名		名義人			
Web用ID		Web用パスワード			NISA	有 ・ 無	
					iDeco	有 ・ 無	
				今の残高			円

証券口座④

金融機関先		支店名		名義人			
Web用ID		Web用パスワード			NISA	有 ・ 無	
					iDeco	有 ・ 無	
				今の残高			円

生前贈与

相続（民法）

自分

家族

葬儀・お墓

資産

相続・遺言

証券口座①［　　　　　　　　　　　］円
証券口座②［　　　　　　　　　　　］円
証券口座③［　　　　　　　　　　　］円
証券口座④［　　　　　　　　　　　］円

＋
─────────────────

約［　　　　　　　　　　　］円　　今の有価証券の残高

有価証券の残高は 3 ヶ月ごとに
報告される「取引残高報告書」
で確認できます。

その他の金融資産

純金積立やプラチナ積立、ゴルフ会員権など、その他の金融資産を記入して
おきましょう。現在の評価額もわかれば記入しておくとよいでしょう。
特に、仮想通貨（暗号資産）やFXなどネット上の取引は、IDやパスワー
ドを備考欄に記入しておきましょう。

	種類・名称・内容	取扱会社	連絡先・備考	今の残高
（例）	ビットコイン	○○株式会社	0120-○○○-○○○○ ID-○○○○○○　Pw-○○○○○○	1,000,000 円

今のその他の金融資産の残高　　約［　　　　　　　　　　　］円

パソコンや携帯の中に保存された写真やメールなどのデータ、ネッ
トバンクやネット証券のほか、仮想通貨（暗号資産）やFXの口座な
ど、時代とともにデジタル遺産が増え、残された家族が故人のパソ
コン等にログインできず、あとあと困った事態におちいるということ
も起こっています。
口座の存在がわからなければ、せっかくの財産も埋もれたままに
なってしまいます。そうならないためにもデジタル遺産について、ロ
座の存在を書き残しておくことは、とても大切です。

不動産について

所有する不動産について記入しましょう。
土地と建物を別々に記入してください。
借地権（人から土地を借りている権利）
も財産です。重要書類（権利証・売買契
約書など）の保管場所もメモに記入して
おくと便利です。

> 相続税の計算を
> したい人は固定資産税の納税
> 通知書の評価額を記入して
> おきましょう。

種類	□土地　□建物　□マンション・アパート　□借地　□その他（　　　　　）
どんな不動産	□自宅　□別荘　□貸家　□その他（　　　　　　）

名義人（共有者含む）				持ち分	

所在地	

登記簿記載内容	抵当権　□設定なし　[　　　　　　　] 　　　　□設定あり
	面積　　　　　　　　㎡　　　　坪　備考

取得の方法	□購入（時期　　年　　月　　日　　購入価格　　　　　円） □相続　　□その他（　　　　　　　　　）

今の固定資産税評価額　　約　　　　　　　　　円

種類	□土地　□建物　□マンション・アパート　□借地　□その他（　　　　　）
どんな不動産	□自宅　□別荘　□貸家　□その他（　　　　　　）

名義人（共有者含む）				持ち分	

所在地	

登記簿記載内容	抵当権　□設定なし　[　　　　　　　] 　　　　□設定あり
	面積　　　　　　　　㎡　　　　坪　備考

取得の方法	□購入（時期　　年　　月　　日　　購入価格　　　　　円） □相続　　□その他（　　　　　　　　　）

今の固定資産税評価額　　約　　　　　　　　　円

種類	□土地　□建物　□マンション・アパート　□借地　□その他（　　　　）			
どんな不動産	□自宅　□別荘　□貸家　□その他（　　　　）			
名義人（共有者含む）				持ち分
所在地				
登記簿記載内容	抵当権　□設定なし　[　　　　　　　] □設定あり [			
	面積　　　　　　　㎡　　　坪	備考		
取得の方法	□購入（時期　　　　購入価格　　　　　　） □相続　□その他（　　　　　）			

今の固定資産税評価額　　約　　　　　　　　　円

今の不動産の相続税評価額（固定資産税の評価額を集計して下さい）

相続税評価額（概算）

土地　約＿＿＿＿＿＿＿＿円 × $\frac{8}{7}$ ＝ 約　　　　　　円

建物　約　　　　　　円

2024年4月より相続した不動産の登記が義務化されます。「相続で不動産を取得した日から3年以内」に行う必要があり、罰則は「10万円以下の過料」となります。過去に取得した不動産も対象で2024年4月から3年以内に登記をしないと罰則の対象となりますので、気を付けてください。

ここでの土地の評価方法はあくまで固定資産税評価額からの推定です。また、マンションは評価方法が異なりますので、詳細な計算方法は税理士などの専門家に相談してください。

生命保険について

加入している保険

加入している生命保険、医療保険、個人年金保険、火災保険、自動車保険、学資保険などを記入しておきましょう。

相続税の計算をしたい人は死亡保険金の金額も記入しておきましょう。

保険 1
□生命保険　□損害保険　□個人年金保険　□共済　□その他

保険会社		担当者・代理店		保険金額	円
保険の種類		証券番号		証券保管場所	
契約者		被保険者		受取人	
備考（内容・期間・特約・保険料等）					

保険 2
□生命保険　□損害保険　□個人年金保険　□共済　□その他

保険会社		担当者・代理店		保険金額	円
保険の種類		証券番号		証券保管場所	
契約者		被保険者		受取人	
備考（内容・期間・特約・保険料等）					

保険 3
□生命保険　□損害保険　□個人年金保険　□共済　□その他

保険会社		担当者・代理店		保険金額	円
保険の種類		証券番号		証券保管場所	
契約者		被保険者		受取人	
備考（内容・期間・特約・保険料等）					

保険 4
□生命保険　□損害保険　□個人年金保険　□共済　□その他

保険会社		担当者・代理店		保険金額	円
保険の種類		証券番号		証券保管場所	
契約者		被保険者		受取人	
備考（内容・期間・特約・保険料等）					

□生命保険	□損害保険	□個人年金保険	□共済	□その他	
保険会社		担当者・代理店		保険金額	円
保険の種類		証券番号		証券保管場所	
契約者		被保険者		受取人	
備考（内容・期間・特約・保険料等）					

□生命保険	□損害保険	□個人年金保険	□共済	□その他	
保険会社		担当者・代理店		保険金額	円
保険の種類		証券番号		証券保管場所	
契約者		被保険者		受取人	
備考（内容・期間・特約・保険料等）					

Ⓐ 死亡保険金の受取金総額　　　円

Ⓑ 非課税枠　500万円×法定相続人の数　　　円

Ⓐ－Ⓑ 相続税評価額　　　円

Ⓐ＜Ⓑ の場合は 0 円

生命保険には相続税の非課税枠があり、500万円×法定相続人の数の金額までは税金がかかりません。相続税が発生しそうな方は、活用しましょう。

公的年金

企業年金や個人年金についても記入しておきましょう。

公的年金

□国民年金	□厚生年金	□共済年金	□その他
基礎年金番号			
受取口座			

企業年金等

名称		連絡先	
年金番号		受取口座	
備考・年金の受取額等			

加入してから時間がたっている保険は、受取人を見直しておきましょう。結婚しているのに、親が受取人になっているなど、受取人変更をうっかり忘れていることがあります。

その他の資産について（貸金庫・トランクルームなど）

絵画や美術品、自動車など、その他の財産を記入しておきましょう。また、人に貸しているお金があれば書いておきましょう。

名　称	内　容	保管場所	金額（時価）

今の時価 合計額　約　　　　　　　　　　円

貸しているお金

貸した 相手の名前		連絡先	
貸した日	年　　月　　日	貸した 金額	円
証書の有無	無　・　有　（保管場所		）
返済について	残額　　　　　　　　　円		（　　年　月　　日 現在）
備考（担保 など）			

貸した 相手の名前		連絡先	
貸した日	年　　月　　日	貸した 金額	円
証書の有無	無　・　有　（保管場所		）
返済について	残額　　　　　　　　　円		（　　年　月　　日 現在）
備考（担保 など）			

今貸しているお金の 合計額　約　　　　　　　　　円

貸金庫・レンタル倉庫・トランクルームなど

契約会社・連絡先	場　所	内容・保管しているものなど

借入金・ローンについて

借入金や保証債務の存在を知らないと、思わぬトラブルに巻き込まれる可能性があります。家族が困らないように、借入金や保証債務について、きちんと記入しておきましょう。

借入先				連絡先	
借入日	年	月	日	借入額	
返済方法				担保の有無	無・有（　　　　　　　　　）
借入残高	円（　　年　月　日現在）			借入目的	

借入先				連絡先	
借入日	年	月	日	借入額	
返済方法				担保の有無	無・有（　　　　　　　　　）
借入残高	円（　　年　月　日現在）			借入目的	

借入先				連絡先	
借入日	年	月	日	借入額	
返済方法				担保の有無	無・有（　　　　　　　　　）
借入残高	円（　　年　月　日現在）			借入目的	

その他のローン・キャッシング

借入先	連絡先	借入残高	備考
		円（　　年　月　日現在）	
		円（　　年　月　日現在）	
		円（　　年　月　日現在）	

今の借入金残高の合計額	約　　　　　　　　　　　　　　　円

保証債務（借金の保証人など）

保証した日	年　　　月　　　日	保証した金額	円
主債務者（あなたが保証した人）		債務者の連絡先	
債権者（お金を貸した人）		債権者の連絡先	

> 賃貸物件をお持ちの方は、借主から預かっている敷金や保証金も債務扱いとなります。賃貸借契約書をきちんと保管しておくとともに、敷金や保証金についても確認しておくと便利です。

クレジットカード・電子マネー・サブスクリプションなどについて

クレジットカード、電子マネー、サブスクリプションの情報を記入しておきましょう。

クレジットカード

公共料金や電話代、受信料などをクレジット払いにしている場合は、備考欄に記入しておくと便利です。

カード名称	カード会社	カード番号
		｜　｜　｜　｜　－　｜　｜　｜　｜　－　｜　｜　｜　｜

連絡先	Web用ID		備考	
	パスワード			

カード名称	カード会社	カード番号
		｜　｜　｜　｜　－　｜　｜　｜　｜　－　｜　｜　｜　｜

連絡先	Web用ID		備考	
	パスワード			

カード名称	カード会社	カード番号
		｜　｜　｜　｜　－　｜　｜　｜　｜　－　｜　｜　｜　｜

連絡先	Web用ID		備考	
	パスワード			

カード名称	カード会社	カード番号
		｜　｜　｜　｜　－　｜　｜　｜　｜　－　｜　｜　｜　｜

連絡先	Web用ID		備考	
	パスワード			

カード名称	カード会社	カード番号			
		｜｜｜｜｜ − ｜｜｜｜ − ｜｜｜｜ − ｜｜｜｜｜			
連絡先	Web 用ID		備考		
	パスワード				

カード名称	カード会社	カード番号			
		｜｜｜｜｜ − ｜｜｜｜ − ｜｜｜｜ − ｜｜｜｜｜			
連絡先	Web 用ID		備考		
	パスワード				

電子マネー

電子マネーを使っているかどうかは本人しかわからないので、使っているものがあれば、記入しておきましょう。備考には、連絡先や保存場所（パソコン・携帯・カード等）、ポイントの有無などを記載しましょう。

カード名	番号	備考

サブスクリプション・定期購入等

商品名	金額	ID	パス	その他

携帯電話・パソコンについて

携帯電話やパソコンの ID やパスワードも、もしものときに家族が困らない
よう残しておきましょう。

携 帯 電 話			
契約会社		携帯電話番号	
名義人		メールアドレス	
連絡先			
ログイン ID など			
メモ			

パ ソ コ ン ・ タ ブ レ ッ ト ・ Wi - Fi			
メーカー		種類	□パソコン　□タブレット　□Wi-Fi　□その他
ログイン ID・パスワード			
プロバイダー名		プロバイダー連絡先	
メールアドレス			
メモ			

パ ソ コ ン ・ タ ブ レ ッ ト ・ Wi - Fi			
メーカー		種類	□パソコン　□タブレット　□Wi-Fi　□その他
ログイン ID・パスワード			
プロバイダー名		プロバイダー連絡先	
メールアドレス			
メモ			

生前贈与

相続（民法）

自分

家族

葬儀・お墓

資産

相続・遺言

ちょっと計算！老後資金

老後までに準備が必要なお金の計算方法

老後にどのくらいのお金が必要なのか、今の貯蓄額で足りるのか？
ここで一度確認してみましょう。
必要な老後資金を知ることで、老後不安を解消することも可能に！
ざっくりでかまいません。まずは、全体像をつかむことが大切です。

●老後に必要な資金の計算方法

❶ 老後の生活費（65歳から90歳までと仮定）
　（必要な生活費－年金額）×12カ月×25年

❷ 不測の事態に備えるお金（病気・介護・家の改築など）

　病気・介護（差額ベッド代や保険のきかない治療など）に数百万円以上かかることも
あります。その他、老人ホームへの入居や家の増改築・車の購入や子供の結婚費用など。

❸ 娯楽費・予備費　旅行・趣味・娯楽などにかかるお金

❶＋❷＋❸－（退職金＋相続でもらうお金＋現在の貯蓄）
＝老後までに準備が必要なお金（65歳までの貯蓄目標額）

●計算のもとになる金額の考え方

老後に必要な生活費って？

老後に必要な生活費は、一般的には現役時代の6割〜7割といわれています。
90歳までを前提に計算していますので65歳以上の方は、90歳までの年数で計算してください。「うちは長生きの家系なの！」という方は少し上乗せして計算してください。

年金はいくらもらえるの？

年金の額は、「ねんきん定期便」で確認できます。「ねんきん定期便」は、毎年誕生月に送られてきます。日本年金機構が運営する「ねんきんネット」というサイトで年金額のシミュレーションもできます。

退職金・企業年金、親の相続ではいくらもらえるの？

退職金の額がわからないという人は、厚生労働省の下記の最新のデータを参考にしてください。

令和4年度に支給された勤続35年以上の
定年退職者の学歴・職種別退職金

大学卒（管理・事務・技術職）	2,037万円
高校卒（管理・事務・技術職）	1,909万円
高校卒（現業職）	1,471万円

合わせて、親から相続する財産の目安もご記入ください。

不測の事態に備えるお金・娯楽費・予備費はいくら？

これは、人によって大きく変わります。万が一のときに大きくかかる医療費は医療保険で補
填できるようにしておくとよいでしょう。これらは、厳密な金額をはじき出すことはむずか
しいですが、ざっくりでよいので計算してみてください（年間40万円平均と想定すると、
1,000万円程度とか）。

Aさんご夫婦（60歳）の場合

❶ 必要な生活費（25万円－年金20万円）×12カ月×25年＝1,500万円
❷ 不測の事態のためのお金　車の買い替えや家のリフォームも考えて1,000万円
❸ 娯楽費・予備費　旅行に年に1度は行きたいから1,000万円
※住宅ローンは65歳で完済予定

❶＋❷＋❸－3,100万円（退職金0万円＋相続しそうな金額1,000万円
＋今の貯金2,100万円）＝400万円

Aさんご夫婦は、老後資金として400万円不足しているということになります。
65歳までの5年間で不足額を貯めるとしたら、年間80万円です。

必要な老後資金を計算してみましょう

❶必要な生活費
（必要な生活費　－　年金月額）×12か月×　推定老後期間
（　　　　　　円－　　　　　　円）×12か月×　　　年
＝（　　　　　　円）

❷不測の事態や予備費…趣味、旅行、病気、老人ホームへの入居費など
（　　　　　　円）

❸預貯金・有価証券…23～26ページ記載の金額の合計
（　　　　　　円）

❹退職金、その他相続などでもらうお金（　　　　　　円）

老後までに準備が必要なお金 ❶＋❷－❸－❹＝（　　　　　　円）

相続・遺言について

遺言書・遺産分割について

遺言書は書いてありますか？

遺言書を書いていない方は誰に何を残すのか考えてみましょう。

遺言書について

☐ 遺言書はない

☐ 自筆証書遺言がある　　作成日＿＿＿＿＿＿　保管場所＿＿＿＿＿＿＿＿＿

☐ 公正証書遺言がある　　作成日＿＿＿＿＿＿　公証役場名＿＿＿＿＿＿＿＿

　　　　　　　　　　　　遺言執行者＿＿＿＿＿＿＿＿＿＿＿＿＿＿＿

遺産分割について

☐ 特に希望はない。家族の判断にまかせる。

☐ 特定の人にあげたい財産がある。

財産をあげたい人	関係・続柄	財産の内容	あげたい理由など

☐ 形見分けをしたい人がいる。

もらってほしい人	関係・続柄	もらってほしいもの	あげたい理由など

☐ 寄付をしたい相手がいる。

寄付をしたい相手	連絡先	寄付の内容	あげたい理由など

※ これらは記入をしても法的効力はありません。遺言書で法的に有効な形にしておきましょう。

遺言書がない方へ

残された家族が遺産の分け方で困らないよう、遺言書を作成しておきましょう。

遺言書が特に必要な人のチェックリスト

- ☐ 遺産を多く残したい相続人がいる
- ☐ 遺産を残したくない相続人がいる
- ☐ 相続人同士の仲が悪く、相続争いが起こる心配がある
- ☐ 相続人以外の人に遺産を渡したい
- ☐ 遺産を特定の団体に寄付したい
- ☐ 子供がいない
- ☐ 再婚をし、前妻（前夫）との間に子供がいる
- ☐ 相続人以外の親族（例えば子供の配偶者）が遺産の分け方に口を出してきそう
- ☐ 行方が分からない相続人がいる
- ☐ 遺産は不動産がほとんどであり、現金が少ない

遺言書の種類、作成時のポイント

よく利用される遺言書の種類は次の2つになります。

	作成方法	ポイント	保管・検印・費用
自筆証書遺言書	全文を遺言者が手書きし、日付、氏名を自署し、押印する。財産目録はパソコンなどの使用が可能。	・手軽につくれる ・押印は認印でもOK ・修正や作り直しがいつでもできる。 ・ただし、遺言書が無効にならないよう書き方には注意が必要。	・自宅などで保管をする。あるいは法務局に保管する制度も利用できる。法務局で保管した場合には、紛失をしても写しの再発行が可能。 ・法務局以外で保管した場合は、死後、開封前に家庭裁判所での検印が必要。 ・法務局で保管する場合には費用がかかる。
公正証書遺言書	公証役場で公証人が遺言者の遺言を筆記して作成。証人2人以上の立ち会いが必要。	・公証人が作成するため不備により無効になる恐れがない。 ・ただし作成までに手間がかかり、容易に書き直しができない。	・原本は公証役場で保管される。写しを紛失しても、再発行が可能。 ・家庭裁判所の検認が不要。 ・公証人などへの手数料がかかる。

紙とペンと印鑑があれば自筆証書遺言は作成できます。

なお、財産目録はパソコンでも作成できるようになりました。

書き方例を参考に書いてみましょう。

有効な遺言書の 4 つの要件

その**1** 全文自分の手で書くこと（ただし財産目録を作成する場合はパソコンなど可。この場合すべてのページに署名、押印します）。

その**2** 作成した正確な日付を書くこと。

その**3** 印鑑を朱肉で押すこと。認印でもよいが、実印が望ましい。

その**4** 戸籍通りの名前をフルネームで署名すること。

書き方の手順

❶ 「遺言書」と書いて、それとわかるようにしましょう。

❷ 戸籍通りの名前をフルネームで書き、生年月日等を記載し、その人と特定できるようにします。

❸ 相続人に対しては「相続させる」、相続人以外の人に対しては「遺贈する」と、言葉を正しく使いわけます。

❹ 財産の内容がわかるよう、預貯金であれば「銀行名、支店名、口座番号」、不動産であれば登記簿謄本に記載されている住所・内容を明記します。

❺ 遺言書に記載されている財産以外の財産を誰が相続するかを記載できます。

❻ 遺言執行者を指定しておくと、手続がスムーズに行えます。

❼ 家族へのメッセージや遺言書を残した理由を書いておくとよいでしょう。

遺言書の書き方例

全文自分の手で書く

遺言書 ❶

遺言者ぎょうせい太郎は次の通り遺言する。

1、遺言者は、以下の財産を、妻ぎょうせい花子
   (1964年9月5日生) ❷ に 相続させる ❸
   (1) 遺言者名義の預貯金
      ①レイワ銀行平成支店　　口座番号 1234567 ┐❹
      ②ワイレ銀行 大正支店　　口座番号 7654321 ┘
   (2) 遺言者名義の有価証券
      ・イレワ株式会社の株式1,000株 (レイワ証券平成支店)

2、その他遺言者に属する一切の財産を ❺
   妻ぎょうせい花子に相続させる。

> 修正はしないで
> 間違えたら書き直す

3、遺言執行者として、妻ぎょうせい花子を指定する。❻

4、付言事項 ❼
   平穏で楽しい人生を送ることができたことに感謝しています。家族みんなが幸せでいてくれることを願っています。

作成した正確な日付を書く

令和〇年〇月〇日
東京都江東区レイワ町1-2-3
ぎょうせい太郎

署名する

印鑑を押す

> 遺言書の作成にあたっては、遺留分を侵害しないように気をつけましょう。

相続税を計算してみよう

相続税がかかるかどうか確認してみましょう。

相続税がかかるとしたらどのくらいの税額になるのかを確認しておけば、相続税の納税資金の準備や、節税など事前の対策ができます。

相続税の計算例

4つのステップで確認しましょう

ステップ **1** 法定相続人の数を確認しよう

ステップ **2** 相続税の基礎控除額を知ろう

ステップ **3** 自分の財産はどのくらいあるのか確認しよう

ステップ **4** 早見表から、自分の相続税を確認しよう

ステップ **1** 　▶ **法定相続人の数を確認しよう**

法定相続人は何人ですか？

●夫や妻はいつでも法定相続人です。

　配偶者はいますか？　　　　　　　　　　　　☐ いる　　☐ いない …①

●それ以外の法定相続人には、順位があります。

　第1順位の相続人は子供（子供が亡くなっていたら孫）　　　　_____人…②

　第2順位の相続人は親（親が亡くなっていたら祖父母）　　　　_____人…③

　第3順位の相続人は兄弟姉妹（兄弟姉妹が亡くなっていたら甥や姪）　_____人…④

あなたの法定相続人の数

①＋②、③、④＝ ☐_____人

第1順位の子ども（孫）がいない場合は第2順位、第2順位の親（祖父母）がいない場合は第3順位の兄弟姉妹（甥・姪）が相続人になります。

ステップ 2　▶ 相続税の基礎控除額を知ろう

相続税は、すべての人にかかるわけではありません。課税遺産総額が基礎控除額を超えた人だけが課税されることになります。基礎控除額は、〔3,000万円 +600 万円×法定相続人の数〕の計算式で計算されます。

相続税の基礎控除額

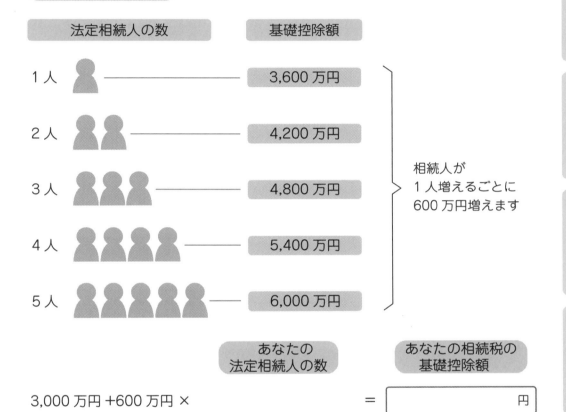

法定相続人の数	基礎控除額
1人	3,600 万円
2人	4,200 万円
3人	4,800 万円
4人	5,400 万円
5人	6,000 万円

相続人が
1 人増えるごとに
600 万円増えます

あなたの
法定相続人の数 ／ あなたの相続税の基礎控除額

3,000 万円 +600 万円 × ＿＿＿＿＿＿ = 〔　　　　〕円

配偶者の税額軽減（相続税がかからない ?!）

妻（もしくは夫）は、相続で財産を取得しても 1 億 6,000 万円までは相続税はかかりません。1 億 6,000 万円を超えても、法定相続分までは相続税はかかりません。
財産は夫婦が協力して築き上げたと考えられているため、相続税がなるべくかからないようになっているのです。

▶ 自分の財産はどのくらい？
相続税の評価額を試算してみよう

書き込んでいただいた財産の内容（23 ページ〜 32 ページ）を転記して、
自分の財産はどのくらいあるのか？　相続税の評価額がいくらくらいになる
のかを試算してください。

相続税の課税価格計算表（例）

		金額	
資産	現金	200,000 円	
	預貯金の合計額	20,000,000 円	23 ページ の金額
	有価証券の合計額	5,000,000 円	25 ページ の金額
	その他金融資産の合計額	500,000 円	26 ページ の金額
	土地	27,000,000 円	27-28 ページ の金額
	建物	5,000,000 円	27-28 ページ の金額
	生命保険	10,000,000 円	29-30 ページ の金額
	その他の資産	300,000 円	31 ページ の金額
資産の額合計 Ⓐ		68,000,000 円	
負債・葬式費用	借入金などの合計額 Ⓑ	▲3,500,000 円	32 ページ の金額
	葬式費用 Ⓒ	▲1,300,000 円	想定される金額を入れてください
取得財産の合計額 Ⓓ		63,200,000 円	Ⓐ－Ⓑ－Ⓒ
生前の贈与税等	相続開始 7 年以内に相続人から受けた贈与（2023年12月までの贈与は 3 年）Ⓔ	0 円	※相続開始前 4 年〜7 年の贈与財産の合計額から 100 万円を控除した金額
	相続時精算課税制度の適用を受けた贈与 Ⓕ	0 円	2024 年以降は、年間 110 万円を超えた贈与の金額で計算
相続税の課税価格 Ⓖ		63,200,000 円	Ⓓ＋Ⓔ＋Ⓕ

相続税の課税価格計算表（書き込み用）

		金額	
資産	現金	円	
	預貯金の合計額	円	23 ページ の金額
	有価証券の合計額	円	25 ページ の金額
	その他金融資産の合計額	円	26 ページ の金額
	土地	円	27-28 ページ の金額
	建物	円	27-28 ページ の金額
	生命保険	円	29-30 ページ の金額
	その他の資産	円	31 ページ の金額
資産の額合計 Ⓐ		円	
負債・葬式費用	借入金などの合計額 Ⓑ	▲　　　円	32 ページ の金額
	葬式費用 Ⓒ	▲　　　円	想定される金額を入れてください
取得財産の合計額 Ⓓ		円	Ⓐ − Ⓑ − Ⓒ
生前の贈与税等	相続開始 7 年以内に相続人から受けた贈与（2023年12月までの贈与は 3 年）Ⓔ	円	※相続開始前 4 年〜7 年の贈与財産の合計額から100 万円を控除した金額
	相続時精算課税制度の適用を受けた贈与 Ⓕ	円	2024 年以降は、年間 110 万円を超えた贈与の金額で計算
相続税の課税価格 Ⓖ		円	Ⓓ + Ⓔ + Ⓕ

※借地権、賃貸不動産などの評価については考慮していません。

相続税がかかりそうだという人は、あらかじめ税理士などの専門家に相談することをおすすめします。

　相続税の評価額が、基礎控除を超えている方は、以下の早見表を目安に自分の相続税を確認してください。

配偶者と子が相続人の場合

遺産総額		配偶者 子ども1人	配偶者 子ども2人	配偶者 子ども3人	配偶者 子ども4人
5,000万円	配偶者 子ども全員分 合計	0円 40万円 40万円	0円 10万円 10万円	0円 0円 0円	0円 0円 0円
6,000万円	配偶者 子ども全員分 合計	0円 90万円 90万円	0円 60万円 60万円	0円 30万円 30万円	0円 0円 0円
7,000万円	配偶者 子ども全員分 合計	0円 160万円 160万円	0円 113万円 113万円	0円 80万円 80万円	0円 50万円 50万円
8,000万円	配偶者 子ども全員分 合計	0円 235万円 235万円	0円 175万円 175万円	0円 137万円 137万円	0円 100万円 100万円
9,000万円	配偶者 子ども全員分 合計	0円 310万円 310万円	0円 240万円 240万円	0円 200万円 200万円	0円 163万円 163万円
1億円	配偶者 子ども全員分 合計	0円 385万円 385万円	0円 315万円 315万円	0円 262万円 262万円	0円 225万円 225万円
1.5億円	配偶者 子ども全員分 合計	0円 920万円 920万円	0円 748万円 748万円	0円 665万円 665万円	0円 588万円 588万円
2億円	配偶者 子ども全員分 合計	0円 1,670万円 1,670万円	0円 1,350万円 1,350万円	0円 1,217万円 1,217万円	0円 1,125万円 1,125万円
2.5億円	配偶者 子ども全員分 合計	0円 2,460万円 2,460万円	0円 1,985万円 1,985万円	0円 1,800万円 1,800万円	0円 1,688万円 1,688万円
3億円	配偶者 子ども全員分 合計	0円 3,460万円 3,460万円	0円 2,860万円 2,860万円	0円 2,540万円 2,540万円	0円 2,350万円 2,350万円

※配偶者は、法定相続分で財産を受け取ると税金がかかりません。

相続人が子だけの場合

遺産総額	子だけが相続人の場合			
	子ども1人	子ども2人	子ども3人	子ども4人
5,000万円	160万円	80万円	20万円	0
6,000万円	310万円	180万円	120万円	60万円
7,000万円	480万円	320万円	220万円	160万円
8,000万円	680万円	470万円	330万円	260万円
9,000万円	920万円	620万円	480万円	360万円
1億円	1,220万円	770万円	630万円	490万円
1.5億円	2,860万円	1,840万円	1,440万円	1,240万円
2億円	4,860万円	3,340万円	2,460万円	2,120万円
2.5億円	6,930万円	4,920万円	3,960万円	3,120万円
3億円	9,180万円	6,920万円	5,460万円	4,580万円

※税額は、子ども全員分です。

≪早見表について≫

「配偶者と子が相続人の場合」と「子だけが相続人の場合」で分けています。

※相続税は、法定相続人が法定相続割合で相続し、配偶者控除を適用したものとして計算しています。

※相続人が、配偶者と両親、配偶者と兄弟姉妹などの場合は、この早見表での相続税の試算はできません。

相続では、配偶者の税額軽減が受けられる最初の相続（1次相続）より、相続人が子供たちだけになる2次相続（1次相続で残された親が亡くなった相続）の方が、税額が高くなる傾向にあります。
相続税は、2次相続まで含めて対策を考えましょう。

マイホームがある人にはこんな特例がある!!

自宅の土地は8割引きになる？－小規模宅地等の特例

亡くなった人の自宅の土地を相続したときに利用できる特例です。
土地の評価を8割引きにしてもらえます（上限330㎡）。
仮に5,000万円の土地であれば8割引きの1,000万円の評価になるわけですから、節税効果は絶大です。

330㎡以下の土地の場合

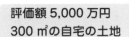

評価額5,000万円
300㎡の自宅の土地

●特例の上限は330㎡までとなるので土地全体に適用される

5,000万円×80％=4,000万円

評価額=5,000万円-4,000万円= 1,000万円

相続税の課税対象

330㎡超の土地の場合

評価額5,000万円
500㎡の自宅の土地

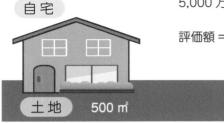

●特例の上限は330㎡までとなるので
500㎡のうち330㎡までが適用される

5,000万円×330㎡/500㎡×80％=2,640万円

評価額=5,000万円－2,640万円= 2,360万円

相続税の課税対象

自宅以外にも対象となる土地はありますが、ここでは一番利用されている自宅について説明しています。

小規模宅地等の特例を適用できる人

❶ 必ず受けられる人

 妻（配偶者）

 同居の子（親族）

❷ ❶が誰もいない時

 次のすべての条件を満たす人に限り、別居の子（親族）でも受けられる可能性があります（家なき子特例）。

家なき子特例のための条件

①相続前の３年以内に「自分または、自分の配偶者」の持ち家に住んだことがない

②相続前の３年以内に「３親等以内の親族」の持ち家に住んだことがない

③相続前の３年以内に「特別の関係がある法人」の持ち家に住んだことがない

④相続開始時に居住している家屋を過去に所有していたことがない

⑤相続した土地を相続税の申告期限まで保有する

自宅評価を8割減額する特例が受けられると、相続税の税額が大きく変わります。自宅を相続する場合には、一度税理士に相談することをおすすめします。

家族・大切な人へのメッセージ

家族や大切な人に伝えたいことを書き記しておきましょう。

さんへ

さんへ

さんへ

さんへ

さんへ

さんへ

さんへ

さんへ

相続手続チェックリスト

相続後にはやらなければいけない手続がたくさんあります。

どんな手続がいつまでに必要なのか。このリストで確認してみてください。

遺族が行う手続リスト

手続	届出	期限	該当	完了日
死亡届	市区町村役場	7日以内		
国民健康保険資格喪失届	市区町村役場	14日以内		
介護保険の資格喪失届	市区町村役場	14日以内		
年金受給停止手続 （故人が年金を受給していた場合）	年金事務所	国民年金受給者 14日以内 厚生年金受給者 10日以内		
葬祭費 （国民健康保険被保険者の場合）	市区町村役場	2年以内		
遺族年金等請求 （国民年金加入の場合）	市区町村役場			
遺族年金等請求 （厚生年金加入の場合）	年金事務所			
高額医療費の手続 （健康保険加入の場合）	健康保険組合	2年以内		
埋葬費 （健康保険加入の場合）	健康保険組合	2年以内		
生命保険の保険金の請求	生命保険会社	3年以内		

事前に必要書類（戸籍謄本、住民票、印鑑証明など）
を確認のうえお出かけください。

手続	届出	期限	該当	完了日
簡易保険の保険金の請求	郵便局	5年以内		
医療費控除による税金の還付	税務署	5年以内		
相続税の申告	税務署	10ヶ月以内		
故人の所得税の準確定申告	税務署	4ヶ月以内		
会社役員の死亡登記 （故人が会社役員だった場合）	法務局	速やかに		

変更・解約手続リスト

変更・解約手続	届出	期限	該当	完了日
クレジットカード	カード会社			
携帯電話	各電話会社			
運転免許証の返却	警察署・ 公安委員会			
身体障害者手帳の返却	市区町村役場			
各種会員証	会員証発行会社			
キャッシュカード	金融機関			
パスポートの返却	都道府県旅券課			
パソコンのプロバイダ契約	事務会社			
リースレンタル・ローン契約	各会社			
その他定額有料サービス契約	各会社			

クレジットカードやサブスク、各種会員・資格などは会費が自動的に引き落とされ続けることもあるので、早めに退会手続を済ませましょう。

生前贈与

相続（民法）

自分

家族

葬儀・お墓

資産

相続・遺言

名義変更手続リスト

名義変更手続届	届出	期限	該当	完了日
世帯主の変更 （故人が世帯主だった場合）	市区町村役場	14日以内		
賃貸住宅・借地・借家・駐車場 （契約書の書き換え）	地主・家主等			
家屋の火災保険	損保会社			
自動車保険（自賠責・任意保険）	損保会社			
公共料金契約	電気・ガス・ 水道会社・NHK			
公共料金契約の自動引落口座	電気・ガス・ 水道会社・NHK			
電話加入権	電話会社			
株券・債券（遺産相続後）	証券会社・ 発行法人			
土地・建物などの不動産 （遺産相続後）	法務局			
預貯金の口座（遺産相続後）	金融機関			
借入金（住宅ローンなど）	各借入先			
ゴルフ会員権（遺産相続後）	所属ゴルフ場			
自動車（遺産相続後）	陸運局事務所			
自動車税納税義務者	陸運局事務所			
その他				

遺産その他の手続リスト

相続関係	届け先	期限	該当	完了日
遺言書の検認・開封	家庭裁判所	速やかに		
相続放棄等の申し立て	家庭裁判所	3ヶ月以内		
遺産分割協議書の作成	相続後の名義変更、解約・登記の時に必要になることがあります			

遺産相続、不動産の名義変更、登記について、一人で行うのは大変です。税理士、弁護士、司法書士、土地家屋調査士等の専門家に相談してみるのも方法です。

便利メモ

生前贈与

相続（民法）

自分

家族

葬儀・お墓

資産

相続・遺言

本人にしかわからないデジタル遺産や変更手続が必要なものは記入しておきましょう。
サブスクリプション、定期購入等もしっかり解約しましょう。
クレジットカード、銀行口座、携帯キャリア、アップル、グーグルなどのアプリ経由支払いから利用が確認できます。

あとがき

みなさま、エンディングノートの作成はできましたでしょうか。

最後まで完璧に書き上げられなくても大丈夫です。思いつくまま、書けるところだけでもポツポツと書き始めていただければ、このノートの目的は少しは果たせるのではないでしょうか。

日頃、相続のご相談を受ける中で、「事前に準備をしてもらっていればこんなことにはならなかったのに…」と思うことが多々あります。
そして、みなさん一様に「相続の事はなかなか切り出しにくかった」とおっしゃっています。確かに相続は、死を想定させるため家族からは切り出しにくいテーマです。

でも、何も準備をしないままの相続は残された家族に多大な負担を残します。また、亡くなった家族がどんな思いでいたのかを知るすべもなくなってしまいます。

このエンディングノートを活用して、円満な相続を迎える準備をしていただきたいと思います。少しでもお役に立てることができたら、とてもうれしく思います。

税理士が【生前贈与も】アドバイス!!
相続手続で困らないエンディングノート

令和5年12月12日　第1刷発行

編 著　　板倉 京・羽田リラ
発 行　　株式会社 **ぎょうせい**

〒136-8575　東京都江東区新木場1-18-11
URL：https://gyosei.jp
フリーコール　0120-953-431
ぎょうせい　お問い合わせ　検索
https://gyosei.jp/inquiry/

〈検印省略〉

印刷・製本　ぎょうせいデジタル㈱
※乱丁本・落丁本はお取り替えいたします。

ISBN978-4-324-11324-0 (5108899-00-000)
〔略号：税理士エンディング（贈与）〕